Sigrun Eder
Elisabeth Marte
Evi Gasser

Herr Kacks und das Pi

So landen großes und kleines Geschäft direkt im Klo!

Bibliografische Information der Deutschen Nationalbibliothek
Die Deutsche Nationalbibliothek verzeichnet diese Publikation in der Deutschen Nationalbibliografie; detaillierte bibliografische Daten sind im Internet über http://dnb.d-nb.de abrufbar.

Geschlechtsspezifische Schreibweise

Das vorliegende Buch verwendet wiederholt geschlechtsneutrale Schreibweisen. Wenn z.B. vom „Arzt" oder „Therapeut" die Rede ist, wird hierunter auch die „Ärztin" oder „Therapeutin" verstanden.

Besonderer Hinweis

Das vorliegende Buch wurde sorgfältig erarbeitet. Dennoch erfolgen alle Angaben ohne Gewähr. Weder Autoren noch Verlag können für eventuelle Nachteile oder Schäden, die aus den im Buch vorliegenden Informationen resultieren, eine Haftung übernehmen. Befragen Sie im Zweifelsfall bitte Arzt/Ärztin oder Therapeut/Therapeutin. Eine Haftung der Autoren bzw. des Verlags und seiner Beauftragten für Personen-, Sach- und Vermögensschäden ist ebenfalls ausgeschlossen.

Markenschutz: Dieses Buch enthält eingetragene Warenzeichen, Handelsnamen und Gebrauchsmarken. Wenn diese nicht als solche gekennzeichnet sein sollten, so gelten trotzdem die entsprechenden Bestimmungen.

1. Auflage Juli 2014
© 2014 edition riedenburg
Verlagsanschrift Anton-Hochmuth-Straße 8, 5020 Salzburg, Österreich
Internet www.editionriedenburg.at
E-Mail verlag@editionriedenburg.at

Lektorat Dr. phil. Heike Wolter, Regensburg
Satz und Layout edition riedenburg
Herstellung Books on Demand GmbH, Norderstedt

ISBN 978-3-902943-58-3

Inhalt

Begriffe, die mit einem * versehen sind, werden im Glossar erklärt.

Hallo du!

Hast du schon von Herrn Kacks und dem Pi gehört? Weißt du, wie sie aussehen und woher sie kommen?

Das sollst du unbedingt wissen, denn du hast jeden Tag mit ihnen zu tun!

In voller Pracht kannst du sie erst dann bewundern, wenn sie ungebremst im Topf oder in der Toilette landen.

Begegnen sich Herr Kacks und das Pi in der Windel, ohne dass du es bemerkst, sehen die beiden schnell etwas mitgenommen aus und duften ziemlich unangenehm.

Viel besser ist es deshalb, wenn Herr Kacks regelmäßig flutscht und das Pi entspannt plätschern kann.

Manchmal zeigen sich Herr Kacks und das Pi aber von ihrer frechen Seite und spielen Kindern einen Streich. Das ist blöd und mir passiert.

Ich bin Kimmi und habe es geschafft, mich von den Streichen nicht mehr unterkriegen zu lassen. Wie? Das erfährst du in diesem Buch. Alles andere auch, damit du Herrn Kacks und das Pi besser kennenlernst und das Klogehen klappt.

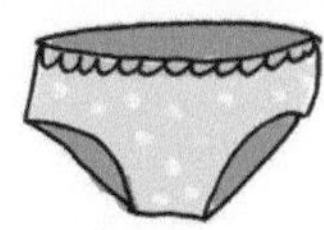

Eines kann ich dir schon verraten: Ich habe die beiden sehr beeindruckt, und seither passt es gut zwischen uns.

Deine Kimmi

Herr Kacks und das Pi wohnen auch bei den Tieren. Wer hat wohl diesen Haufen gemacht?

Herr Kacks
und das Pi

Kennst du schon Herrn Kacks und das Pi?

Die beiden wohnen an zwei verschiedenen Orten im Bauch: im Darm und in der Blase. Dort haben sie es sehr schön. Es ist warm, weich und gemütlich.

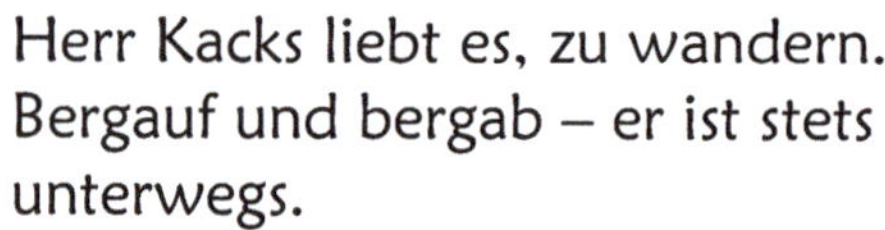

Herr Kacks liebt es, zu wandern. Bergauf und bergab – er ist stets unterwegs.

Das kleine Pi liebt es, die Wasserrutsche runter zu flitzen.

Herr Kacks und das Pi sind gute Freunde.

Herr Kacks mag das lustige Glucksen vom kleinen Pi. Und das Pi hat sich längst daran gewöhnt, dass Herr Kacks manchmal ein bisschen unangenehm duftet.

Wenn Herr Kacks und das Pi sich treffen wollen, tun sie das auswärts, an einem anderen Ort. Ihr Treffpunkt heißt „Windel".

Und die hängt an Kimmi dran, einem Mädchen, das schon in den Kindergarten geht.

Eigentlich sind Herr Kacks und das Pi glücklich, wie es ist.

Doch eines Tages flattert ihnen auf dem Weg in die Windel ein Brief in die Hände. Darin steht in der Handschrift von Kimmis Mutter geschrieben:

Herr Kacks und das Pi blicken sich empört an. Herr Kacks sagt wütend:

„Hat Kimmi ihrer Mutter einen Text vorgesagt und ihn uns untergeschoben? So eine Frechheit! Nein, wir wollen nicht woanders hingehen! Wir wollen in der Windel bleiben!"

Und dem Pi kommt folgende Idee: „Wenn wir Kimmi üble Streiche spielen, wird sich schon zeigen, wer hier der Chef ist!" Also beschließen sie, einige Streiche auszuhecken.

„Wir müssen unbedingt verhindern, dass Kimmi gerne auf das Klo geht!“, ruft Herr Kacks.

„Oh ja! Wir erzählen ihr einfach, wie gruselig es am Klo ist“, antwortet das Pi. Und schon flüstern sie Kimmi ins Ohr:

Du bist vieeel zu klein ...

„Das Klo ist ein unsicherer Ort. Die Klomuschel ist gaaaaanz tief und aus allen Ecken kriechen fürchterliche Monster hervor und wollen dich erschrecken. Du bist vieeel zu klein und zu schwach, um alleine aufs Klo zu gehen!“

Tatsächlich geht der Plan auf.

Kimmi, die gerade aufs Klo gehen will, zögert und zittert so lange, bis Herr Kacks und das Pi wieder wie gewohnt in der Windel landen.

Doch das nächste Mal passiert etwas Merkwürdiges.

Gerade, als die zwei Freunde wieder ihre Gruselgeschichten erzählen wollen, kommt Mama herein, nimmt Kimmi in den Arm und tröstet sie.

Eine Weile vergeht, und Kimmi ist sich sicher:

„Jetzt weiß ich es! Meine Mama hat es mir gesagt. Am Klo gibt es gar keine Monster. Und außerdem bin ich schon groß und stark und fürchte mich nicht davor!“

Zielsicher marschiert Kimmi aufs Klo, und Herr Kacks und das Pi purzeln schneller, als sie denken können, in die Klomuschel.

Also müssen sich die zwei etwas Neues einfallen lassen.

„Eigentlich musst du ja gar nicht aufs Klo gehen! In die Windel zu machen ist doch viel angenehmer und bequemer. So brauchst du weder vom Spielen noch vom Essen und Trinken aufzustehen, wenn du aufs Klo musst", säuseln Herr Kacks und das Pi der kleinen Kimmi heimlich ins Ohr.

Und schwuppdiwupp! Sie haben Erfolg und landen wieder in der Windel. Da reiben sich Herr Kacks und das Pi freudig die Hände.

Weil ihnen auch noch andere dumme Streiche einfallen, bringen sie Kimmi in immer größere Schwierigkeiten. Kimmis Eltern gefällt nicht, dass Kimmi so oft in die Windel macht. Sie schimpfen mit ihr.

Herr Kacks und das Pi freuen sich über ihren Erfolg.

Doch dann passiert etwas Unerwartetes: Kimmis Eltern planen einen gegnerischen Streich! Sie malen eine „Klo-Geh-Liste“ auf ein großes Plakat und versprechen Kimmi ein Geschenk, wenn die „Klo-Geh-Liste“ voller bunter Punkte ist.

Kimmi gefällt die Idee, sich für jedes Mal auf dem Klo einen Punkt zu verdienen.

Und dann kommt es für Herrn Kacks und das Pi sogar noch schlimmer: Kimmis Eltern kaufen einen total bequemen Kinderkloaufsatz! Der sieht auch toll aus, und wenn Kimmi die Beine auf den passenden Klohocker stellt und den neuen Kloduft versprüht, fühlt sie sich wie eine Prinzessin im Märchenland.

Deshalb beschließt sie, dass sie jetzt nur noch aufs Klo gehen will.

Herr Kacks und das Pi raufen sich die Haare vor lauter Ärger.

Aber so leicht geben die zwei nicht auf.

Herr Kacks hat eine tolle Idee:

„Weißt du, Pi, wir täuschen Kimmi. Sie hat schon gemerkt, dass sie mich ein wenig zurückhalten kann, wenn sie will. Sie glaubt nun, mich kontrollieren zu können. Doch jedes Mal, wenn sie den Drang bekommt, mich loszuwerden, werde ich ihr einreden, dass sie ans Spielen und nicht ans Klogehen denken soll."

Gesagt, getan. Kimmi geht nicht mehr aufs Klo, sondern verzappelt das große Geschäft.

Irgendwann bekommt sie davon furchtbares Bauchweh. Und Herr Kacks landet stinkend in der Unterhose.

Das geht Kimmis Eltern zu weit. Sie bringen die Kleine zum Arzt.

Der Arzt erklärt geduldig, was passiert ist:

„Kimmi, wenn du dein Bauchweh loswerden willst, musst du regelmäßig aufs Klo gehen. Sonst wird dein Kacka hart wie ein Stöpsel, der den Ausgang verschließt. Du kannst das große Geschäft dann nicht mehr rausdrücken. Hinter diesem Stöpsel staut sich die frische Kacke und macht dir Bauchweh. Dauert das länger, wird die Kacke flüssig und rinnt an dem Stöpsel vorbei, ohne dass du was merkst."

Kimmi hat verstanden!

Weil sie keinen Kacksee in der Unterhose haben will, achtet sie nun darauf, regelmäßig groß aufs Klo zu gehen.

Deshalb landet Herr Kacks, ob er will oder nicht, bald nur noch im Klo!

„Naja“, beratschlagen Herr Kacks und das Pi, „wenn wir am Tag ausgebremst werden, müssen wir uns etwas für die Nacht überlegen.“

Hier sieht nun das Pi seine große Chance: Es lässt Kimmi erst schlafen und macht dann unbemerkt das Bett platschnass.

Auch lässt es Kimmi glauben, dass sie schon auf dem Klo sitzt, obwohl sie noch schläfrig im Bett liegt.

Das Pi ist wirklich gemein! Doch Kimmis Mama ist schlauer: Sie achtet darauf, dass Kimmi vor dem Schlafengehen noch einmal auf die Toilette geht und abends nicht mehr zu viel trinkt. Ist Kimmis Bett trotzdem nass, schläft sie in der Ersatzbettwäsche.

„Irgendwie langweilig, so weiter zu machen“, grummelt das Pi nach einiger Zeit und lässt Kimmi nachts wieder in Ruhe.

„Alarmstufe rot!“, ruft das Pi. „Jetzt mache ich Kimmi einmal ordentliche Probleme!“

Nachdem Kimmi einige Tage viel zu wenig Wasser getrunken und zu lange auf dem kalten Steinboden gesessen hatte, brennt es plötzlich wie Feuer, wenn sie Pipi machen muss.

Kimmi ist ängstlich, weil es so weh tut. Sie merkt nicht mehr, wenn ihre Unterhose nass wird. Kimmi fühlt sich krank und weint.

Kimmis Eltern bringen sie wieder zum selben Arzt. „Deine Blase ist entzündet. Du brauchst Schlaf. Trinke jetzt außerdem besonders viel Wasser und gehe häufig zur Toilette, auch wenn es weh tut, dann wirst du wieder gesund“, meint der Arzt.

Herr Kacks und das Pi sind ratlos. Sie haben keinen Schimmer, was sie gegen die Ratschläge des Arztes unternehmen können.

„Pi?“, sagt Herr Kacks leise, „ich glaube, wir müssen aufgeben! Kimmi und ihre Helfer sind eine Nummer zu schlau für uns.“

„Ja, Herr Kacks“, seufzt das kleine Pi. „Es ist wohl besser, mit Kimmi gemeinsame Sache zu machen und Frieden zu schließen.“

Von diesem Tag an plätschern und plumpsen die beiden immer dann ins Klo, wenn Kimmi merkt, dass sie muss.

Und das ist eigentlich viel schöner, als in der Windel herumzuhängen.

Sachinformationen für Kinder

Wie entsteht das Pi?

Das Pi wird auch Pipi genannt. Es entsteht aus dem, was du getrunken hast. Es sammelt sich in der Harnblase, du kannst auch Blase dazu sagen. Wenn sie ganz voll ist, drückt sie dich. So spürst du, wann du Pipi machen musst.

Wie sieht das Pi aus?

Egal, ob du Wasser, Tee, gelben Saft (z.B. Apfelsaft, Orangensaft), roten Saft (z.B. Traubensaft) oder Limonade trinkst: Dein Körper macht, dass das Pi immer gelb ist. Wenn du viel trinkst, wird das Pi fast farblos bis hellgelb. Wenn du wenig trinkst, wird es dunkelgelb.

Ist dein Pi braun oder rot, ist etwas anders als sonst. Dann sag das sofort deinen Eltern.

Wonach riecht das Pi?

Frisches Pi riecht ein bisschen nach Rindssuppe. Je dunkler es ist, desto stärker duftet es. Lässt du das Pi länger stehen oder war es lange in der Windel, bekommt es einen scharfen, unangenehmen Geruch.

Manchmal duftet das Pi plötzlich anders als gewohnt: Das kann von dem kommen, was du zuvor gegessen hast.

Achte doch mal auf dein Pi und seinen Duft, wenn es Spargel zu essen gegeben hat. Bemerkst du einen Unterschied?

Wann wird das Pi unangenehm?

Das Pi kann manchmal ganz schön drücken. Vor allem dann, wenn du zu lange mit dem Pipimachen gewartet hast. Lass das Pipi besser auf dem Klo oder unterwegs hinter einem Busch raus, wenn es sich meldet. Sollte das Pi fürchterlich brennen, bist du wahrscheinlich krank. Ein Arzt/eine Ärztin kann dir dann helfen.

Wohin gehören Herr Kacks und das Pi?

Bei Babys landen Herr Kacks und das Pi meistens in der Windel, in der Babywanne oder auf dem Wickeltisch. Manche Babys kommen auch ohne Windel aus. Das geht, wenn Mama und Papa erkennen, wann das Baby muss. Sie halten ihr unten nackiges Baby einfach über das Klo, das Waschbecken oder über einen kleinen Topf, damit Baby-Kacks und Baby-Pi raus können.

Größere Kinder spüren von selbst, wann Herr Kacks oder das Pi sich ankündigen. Dann landen Herr Kacks und das Pi im Topf oder manchmal auch nur einer von beiden.

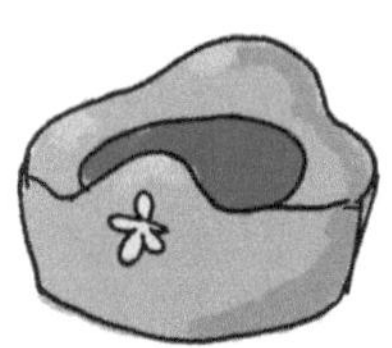

Ein Topf ist ein Klo für kleinere Kinder. Er ist eine feine Sache und äußerst praktisch! Du kannst dich nackt oder mit runtergelassener Unterhose darauf setzen. Der Topf ist so gebaut, dass Herr Kacks und das Pi sanft und sicher darin landen können, ohne dass etwas daneben geht.

Wenn du mit deinem Geschäft fertig bist, leerst du Herrn Kacks und das Pi in das Klo und spülst runter. Du kannst auch Mama oder Papa bitten, das Töpfchen für dich zu leeren.

Kinder, die keinen Topf mehr wollen oder deren Popo für den Topf schon zu groß ist, können Herrn Kacks und das Pi im Klo der Erwachsenen landen lassen. Ein Toilettensitz mit oder ohne Treppe macht das möglich.

Mit der Treppe kannst du kinderleicht auf das Klo klettern und auf dem Toilettensitz wie auf einem Thron bequem Platz nehmen.

Gibt es keine Treppe, dann brauchst du eine passende Fußbank. Damit kannst du eine entspannte, leicht nach vorne gebeugte Klohaltung einnehmen und gut loslassen.

Ein Toilettensitz für Kinder ist so gebaut, dass dein Popo nicht ins Klo rutschen kann, während du oben sitzt. Das Tolle daran ist: Herr Kacks und Pi landen ohne Umweg in der Klomuschel, und du kannst sie von dort aus mit einem großem Schwall auf die Reise schicken.

Wie du dir schon denken kannst, sind die besten Orte für Herrn Kacks und das Pi der Topf oder das Klo.

Spielst du draußen, dann kannst du das Pi auch hinter einen Busch oder einen Baum plätschern lassen. Das Pi fließt in den Boden oder sieht wie eine Regenpfütze aus. Pass auf, wenn der Boden schräg ist, dass es nicht über deine Füße rinnt.

Wie entsteht Herr Kacks?

Wenn du Herrn Kacks unter die Lupe nimmst, siehst du ihm kaum an, woraus er besteht. Nämlich vor allem aus dem, was du zuvor gegessen hast. Dein Körper verwandelt Essen von selbst zu Herrn Kacks. Ausreichend viel Flüssigkeit gibt der Körper auch dazu, damit Herr Kacks nicht hart wird wie Stein.

Dieser Vorgang heißt Verdauung. Er beginnt, sobald du Essen im Mund kaust, und ist zu Ende, wenn Herr Kacks darauf wartet, endlich nach draußen zu können.

Wie sieht Herr Kacks aus?

Herr Kacks kann verschieden aussehen. Bist du gesund, ist er meistens eine schlanke, mittelweiche Wurst. Er kann sich aber auch in mehrere kleine, braune Knödel aufteilen. Herr Kacks kleidet sich am liebsten in verschiedenen Brauntönen: gelbbraun bis ganz dunkelbraun.

Kann Herr Kacks zum Pi werden?

Das kann er zwar nicht, aber Herrn Kacks gibt es nicht nur angenehm weich, sondern auch zu weich bis fast spritzig. Dann macht er sogar Bauchweh und will viel öfter raus als sonst. Erwachsene nennen diesen Herrn Kacks Durchfall. Wenn du auch einmal Durchfall hast, weil dein Körper etwas ganz rasch loswerden will, sag es deinen Eltern. Sie wissen, wie lästig das ist, und werden dich unterstützen, rechtzeitig aufs Klo zu kommen. Bist du mit Durchfall in der Hose einmal zu spät dran, halb so schlimm. Hauptsache, du hast genug Ersatz-Unterhosen im Schrank.

Wie kannst du Herrn Kacks rauslassen?

Meistens reicht es, wenn du Herrn Kacks mit etwas Anschieben einfach so rausdrückst. Lass dir dafür genug Zeit. Dein Poloch öffnet erst die Schleusen, wenn Herr Kacks von innen dagegen drückt.

Was kannst du tun, wenn Herr Kacks stecken bleibt?

Hast du einmal länger vergessen, Herrn Kacks rauszulassen, kann er auch ganz hart und kratzborstig werden. Du brauchst dann ziemlich viel Kraft, um ihn nach draußen zu befördern. Hab Geduld! Lass dich von niemandem stören und tu auf dem Klo etwas, das dich entspannt.

Nimm am besten eine lockere, etwas nach vorne gebeugte Haltung ein. Achte darauf, dass deine Füße leicht erhöht (auf einem Hocker, einer Stiege oder auf den Zehenspitzen) stehen. So machst du es Herrn Kacks leichter, sich von dir zu trennen.

Ist Herr Kacks zu einem echten Dickkopf geworden, probiere Folgendes aus:

Plan 1: Halte die Luft an und presse nach unten.

Plan 2: Wippe sanft von vorne nach hinten und wiederhole das ein paar Mal. So kommt dein Darm in Schwung – und Herr Kacks nimmt Fahrt auf.

Und unterwegs? Da kannst du ihn, wenn kein Klo in Reichweite ist, an geeigneter Stelle (zum Beispiel hinter einem Baum) am besten in der Hocke rausdrücken. So haben es alle Menschen früher gemacht. Vor allem in Asien gibt es heute noch zahlreiche Hock-Klos. Das sind Klolöcher im Boden, über die man sich darüber hockt und reinmacht.

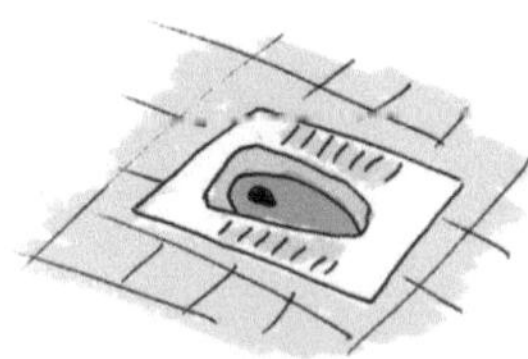

Hört Herr Kacks auf dich?

Ja, das tut er, obwohl er keine Ohren hat! Der Darm gibt im Körper den Ton an. Deshalb merkt auch Herr Kacks genau, wenn du dich zum Beispiel beobachtet fühlst. Dann kommt er nicht raus, weil er es viel gemütlicher findet, sich von dir heimlich an einem privaten Örtchen zu verabschieden.

Kannst du also mal nicht aufs Klo, obwohl du musst, hat es vielleicht mit deiner Umgebung zu tun. Eine fremde Toilette, ein unbekannter Geruch, quietschende Türen, ein kalter Boden – all das kann Herrn Kacks den Spaß verderben und ihn am Rauskommen hindern.

Und wie hört sich Herr Kacks an?

Das kommt ganz darauf an, wie hoch du auf der Toilette/am Topf sitzt oder ob du ihn hinter einem Baum auf die grüne Wiese rauslässt. Wenn du Lust hast, höre genau hin, welches Geräusch ein harter oder weicher Kacks von sich gibt, wenn er sich im Topf/im Klo oder auf der Wiese einfindet. Mit der Zeit kannst du wahrscheinlich am Geräusch erkennen, wie fest und wie lang Herr Kacks war.

Wonach riecht Herr Kacks?

Herr Kacks lässt die meisten Menschen die Nase rümpfen – außer es ist der eigene Herr Kacks. Bei der Umwandlung von Essen in Herrn Kacks entstehen stinkige Stoffe und Gase, in die sich Herr Kacks gerne hüllt. Um dich vorzuwarnen, dass er demnächst an die frische Luft will, schickt Herr Kacks kleine Stinkbömbchen voraus. Erwachsene sagen Pups, Furz oder Winde dazu. Besonders viele Pupse gelingen Herrn Kacks, wenn du bei blähendem Essen zulangst, z.B. bei Kohl.

Wer wohnt im Herrn Kacks?

Herr Kacks besteht nicht nur aus dem Rest des Essens, sondern auch aus vielen kleinen Helfern, die man nur unter der Lupe sehen kann. Diese tragen dazu bei, die aufgenommene Nahrung zu verdauen. Die Helfer sind Darmbakterien und leisten gute Arbeit. Warst du krank und hast du Antibiotika einnehmen müssen, kann das deine Darmbakterien verringern und die Verdauung durcheinanderbringen. Greife dann zu Natur-Joghurt, das hilft deinem Darm, sich zu erholen.

Wann wirst du zum Chef/zur Chefin?

Kennst du ein Kind, das so alt ist wie du? Weißt du, ob es Herrn Kacks und das Pi bereits super im Griff hat? Kennst du vielleicht ein anderes Kind, das schon viel älter ist als du und bei dem Herr Kacks und das Pi noch immer in der Windel landen? Eines ist sicher: Für jedes Kind kommt die richtige Zeit, um zu lernen, wie es der Chef/die Chefin von Herrn Kacks und dem Pi wird. Sei unbesorgt: Bei manchen ist das früher, bei manchen später.

Wie wirst du zum Chef/zur Chefin?

Zuallererst lernst du, auf Herrn Kacks und das Pi zu hören. Denn sie machen sich immer bemerkbar und sagen dir: „Wir wollen raus!" Sie drücken und drängeln ein wenig dabei. Du wirst eine Weile benötigen, bis du sicher weißt, ob sich Herr Kacks oder das Pi alleine oder zu zweit anmelden. Spürst du, wer von den beiden raus will, bist du fast schon ein Chef/eine Chefin.

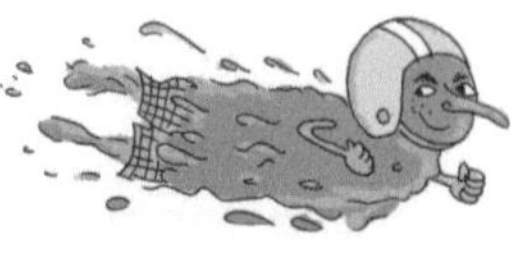

Drängt sich Herr Kacks raus und es ist kein passender Platz in der Nähe, mache Folgendes: Kneife deine Pomuskeln fest zusammen, dann zieht sich Herr Kacks wieder zurück.

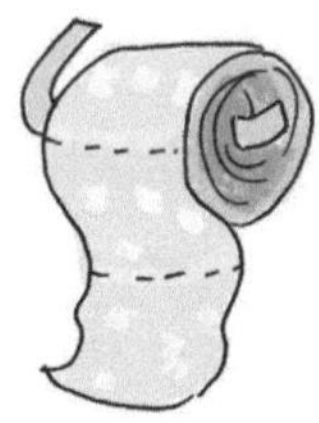

Aber Vorsicht! Du solltest Herrn Kacks dabei nicht verärgern und so rasch wie möglich ein Klo, einen Topf oder eine Wiese suchen, wo du ihn rauslassen kannst. Verschließt du ihm nämlich zu häufig die Tür, dann wird er sehr ärgerlich und kommt nicht mehr freiwillig heraus.

Sorge deshalb dafür, dass Herr Kacks bald raus darf, obwohl du ihn noch länger drin halten könntest. Hältst du ihn zu lange zurück, verstopft er den Ausgang. Aua, das macht Bauchweh!

Das Pi ist ein bisschen ungeduldiger und will schneller und drängender rausplätschern. Du kannst das Pi zwar eine Weile zurückhalten, es wird sich aber rascher und dringender zu Wort melden als Herr Kacks. Herr Kacks ist nämlich – außer, wenn er „Durchfall“ heißt – der Geduldigere von beiden.

Wenn du das Pi rauslassen willst, mach dich locker. Mitdrücken brauchst du meistens nicht. Es kommt am liebsten ganz entspannt aus dir raus.

Bist du schon geschickt genug, Herrn Kacks und dem Pi den Weg auf den Topf/ins Klo zu zeigen? Prima! Wenn du noch ein bisschen Übung brauchst, dann bleibe dran!

Was musst du als Chef/Chefin können?

Als Chef/Chefin von Herrn Kacks und das Pi sollst du ein paar Dinge wissen und können. Gemeint sind diese:

- Listig wie ein Fuchs sein: Gehe rechtzeitig auf den Topf oder zum Klo, wenn Herr Kacks oder das Pi anklopfen.
- Wissen, wen du dafür benötigst und was du schon alleine kannst: Vielleicht brauchst du deine Mama, Papa, Oma, Opa oder die Kindergartentante, wenn du die ersten Male den Topf/das Klo besteigst? Dann rufe sie schnell!
- Dich unten nackig machen (lassen).
- Manchmal geduldig wie eine Schildkröte sein: Zeit haben und gemütlich tun, wenn Herr Kacks und das Pi dich warten lassen, bis sie kommen.
- Dich abputzen (lassen), wenn Herr Kacks oder das Pi endlich draußen sind.
- Dich wieder anziehen oder dir beim Anziehen helfen lassen.

- Herrn Kacks und das Pi runterspülen.
- Sauber sein wie ein Kätzchen: Hände mit Seife waschen!
- Das Klo in feinem Zustand hinterlassen.

Wer kann dich als Chef/Chefin unterstützen?

Jeder Mensch hat einmal damit begonnen, Chef/Chefin von Herrn Kacks und Pi zu sein. Auch deine Eltern oder andere Erwachsene, die du gern hast. Sie sind mittlerweile Spezialisten/Spezialistinnen und können dich unterstützen:

- Sie lassen dich mal dabei zusehen, wie sie Herrn Kacks und das Pi ins Klo befördern.
- Sie suchen mit dir einen schönen und bequemen Topf aus. Und auch einen Toilettensitz, eine Fußbank oder eine Toilettenstiege mit dazu.
- Sie beantworten alle deine Fragen, so gut es geht.
- Sie erinnern dich, auf deinen Körper zu hören. Vor allem, wenn Herr Kacks oder das Pi bald erwartet werden.

- Sie trösten dich und helfen beim Saubermachen. Ganz besonders, wenn Herr Kacks oder das Pi es zu eilig hatten und in der Unterhose gelandet sind.
- Sie helfen dir beim An- und Anziehen und Abwischen. Gerade, wenn du das alleine noch nicht so gut kannst.
- Sie gehen mit dir zum Arzt/zur Ärztin, wenn dir etwas weh tut oder ihr denkt, bei dir ist etwas anders als bei anderen Kindern.
- Sie gehen mit dir gemeinsam zum Psychologen/zur Psychotherapeutin. Insbesondere, wenn sich Ratlosigkeit und Ärger breit machen, wenn nichts klappt, obwohl alle ihr Bestes geben.

Was tun, wenn Herr Kacks und das Pi dir fiese Streiche spielen?

Manchmal finden Herr Kacks und das Pi es gar nicht toll, dass du der Chef bist. Dann versuchen sie, dich unterzukriegen. Indem sie dich ängstigen, dich träge machen oder dir einreden, dass du sie zurückhalten kannst.

Sei vorbereitet und überlege, was du im Fall des Falles tun kannst!

Meistens hast du es mit den folgenden Streichen zu tun:

Herr Kacks und das Pi geben dir das Gefühl, das Klo sei gefährlich (z.B. voller grüner Monster) oder unsicher (z.B. weil du reinplumpsen könntest).

Dein Gegenplan: Schaue dir mit einem starken Menschen, den du magst, in Ruhe die Toilette an. Und zwar von der Seite, von unten und oben.

Lass dir erklären, wohin das Wasser Herrn Kacks und das Pi spült und wie das alles funktioniert.

Sei mutig und wage eine Probesitzung. Setze dich mit bekleidetem Popo auf den Toilettensitzverkleinerer. Du wirst merken, dein Popo ist groß genug, um dort sicher Platz zu finden. Prüfe, ob du bequem sitzt. Ebenso, ob du gut alleine rauf- und runterklettern kannst. Probiere, ob du das Klopapier leicht erreichen kannst, ohne mit nackigem Po aufstehen zu müssen.

Sprich mit deiner Mama/deinem Papa, wenn du an eurem Klo etwas ändern willst. Und vor allem: Lass dich nicht einschüchtern! Monster kommen vielleicht in Geschichten vor, sie wohnen aber bestimmt nicht in der Toilette.

Herr Kacks und das Pi reden dir ein, es sei viel gemütlicher, in die Windel zu machen als das Klo zu benützen.

Dein Gegenplan: Sorge mit den Erwachsenen dafür, dass die Klos, die du benutzt, angenehme Orte sind. Dazu gehört, dass das Klo warm und sauber ist und außerdem gut riecht. Zumindest, bevor Herr Kacks in der Klomuschel seine Duftspuren hinterlässt!

Erkläre Herrn Kacks, dass er nichts in deiner Windel zu suchen hat, wenn du spielen willst. Hier matscht er bloß den Popo voll, brennt womöglich und riecht unangenehm. Bitte ihn zu verstehen, dass man von anderen Kindern bald geärgert wird, wenn man ihn als Begleiter in der Windel überall dabei hat.

Weiß Herr Kacks überhaupt, wie viel Windelmüll und Müll durch Putztücher entsteht, um ihn aufzufangen? Und wie viel Geld die Windeln verschlingen, die du trägst? Sag ihm, dass du lieber Ausflüge machst und dir Lustiges zum Spielen dafür schenken lässt.

Herr Kacks lässt dich glauben, du könntest ihn zurückhalten, damit du weniger oft aufs Klo musst.

Dein Gegenplan: Zeige Herrn Kacks, was du schon alles weißt:

Er muss spätestens alle zwei bis drei Tage rauskommen, sonst verstopft er den Popo und macht Bauchweh.

Er kommt bald nach dem Aufstehen oder auch einige Zeit nach einer großen Mahlzeit.

Bitte deine Mama/deinen Papa, dich daran zu erinnern, regelmäßig aufs Klo zu gehen. Zeige Herrn Kacks den Weg aufs Klo und lass ihn geduldig rauskommen, während du dich vollständig entspannst.

Brennendes Pi

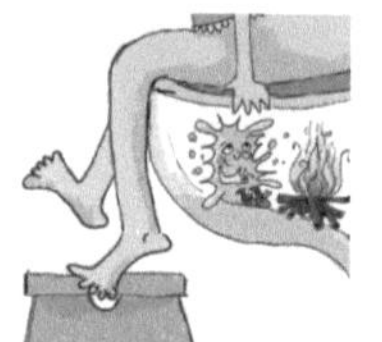

Dein Gegenplan: Das Zauberwort heißt Sauberkeit. Deshalb sollst du wissen, wie du dir auf dem Klo den Popo blitzeblank putzt.

Nach dem Pi geht das Putzen für Jungen so: Nimm deinen Penis zwischen Daumen und Zeigefinger und schüttle ihn vorsichtig, bis kein Tröpfchen mehr runterfällt. Tupfe den Rest mit einem Blatt Klopapier ab.

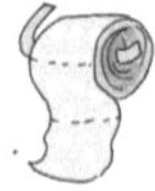

Nach dem Pi geht das Putzen für Mädchen so: Reiße wie gewohnt ein bisschen Klopapier ab und tupfe deine Schamlippen vorsichtig damit ab. Und das so lange, bis das Klopapier nicht mehr feucht ist. Du wischst von vorne nach hinten, so wie du eine Katze streichelst. Die mag es nicht, wenn du sie gegen den Strich streichelst!

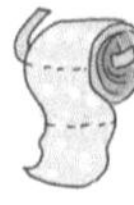

So wirst du Reste von Herrn Kacks los: Reiße zwei Blätter Klopapier von der Rolle ab, und wische von vorne nach hinten. Nimm dir neues Klopapier und wische wieder von vorne nach hinten. Wiederhole das so oft, bis das Klopapier sauber bleibt.

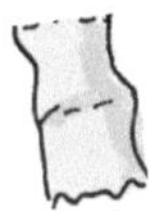

Manchmal gibt es auch feuchtes Toilettenpapier: Das kannst du ganz am Schluss verwenden. Es reinigt besonders gründlich und gibt dir ein frisches Gefühl am Popo! Oder du befeuchtest das Klopapier mit ein wenig Wasser oder Spucke.

Übrigens: Damit sich deine Harnblase nicht entzündet, trinke genug Wasser. Das spült sie regelmäßig aus. Und vermeide es, zu viel Zucker und zuckerhaltige Speisen zu essen. Denn das lädt unangenehme Besucher ein, die sich in der Blase breit machen und zu Entzündungen führen können. Pilze* und Bakterien haben in deiner Blase nichts verloren! Und genau diese beiden suhlen sich gerne im Zuckerbad, das du über die Nahrung aufnimmst.

Das Pi plätschert nachts in dein Bett.

Dein Gegenplan: Trinke tagsüber ausreichend Tee oder Wasser. Erstens hast du dann abends weniger Durst. Zweitens musst du wegen dem kommenden Pi nachts nicht aus deinem kuscheligen Bett raus. Salziges Essen macht durstig. Verzichte deshalb abends auf supersalzige Chips oder überwürzte Speisen.

Gehe noch einmal aufs Klo, bevor du dich schlafen legst. Sei vorbereitet für den Notfall: Merke dir, wo dein Topf bereit steht oder wie du das Klo findest.

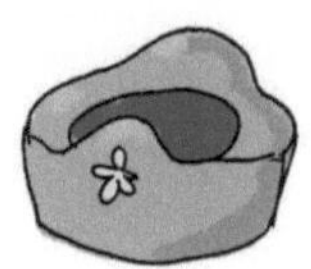

Leuchtstecker in den Steckdosen und eine gut erreichbare Nachttischlampe helfen dir, den Weg zum Klo auch nachts leicht zu finden.

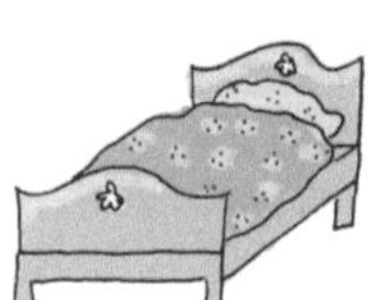

Bespreche mit deiner Mama/deinem Papa, ob du noch eine Windel für die Nacht tragen willst. Willst du ohne Windel sein, sorge vor, damit das Pi nicht zu viel Unfug treiben kann.

Legt frische Wäsche bereit, die ihr gleich wechseln könnt.

Ein Matratzenschoner, der wasserdicht ist, lässt das Pi abblitzen, so dass die Matratze auch nach möglichen Pipi-Unfällen nicht muffelt.

Ziehe deine Kuschelsocken an. Mit warmen Füßen spürst du das raus wollende Pi besser. Außerdem musst du, wenn die Füße warm sind, nicht so oft aufs Klo.

Das Pi kommt bei vielen kleinen Kindern nachts zu Besuch, ohne dass sie es merken. Das ist ganz normal.

Kommt bei dir das Pi nachts zu Besuch? Bleibe zuversichtlich: Irgendwann wirst du rechtzeitig aufwachen, wenn du zur Toilette musst.

Nun geht's los mit den Mit-Mach-Seiten. Hier kannst du all deine Antworten aufschreiben und zeichnen. Vielleicht lässt du dir von einer Person, die du magst, dabei helfen.

Mit-Mach-Seiten für Kinder

Sagst du auch „Herr Kacks"?

Überlege dir, wie Herr Kacks in eurer Familie heißt. Welche weiteren Namen fallen dir ein? Was ist dein Lieblingsname für Herrn Kacks? Schreibe alle Namen auf und ringle deinen Lieblingsnamen bunt ein!

Sagst du auch „das Pi"?

Weißt du, wie das Pi in eurer Familie heißt? Welche weiteren Namen fallen dir ein? Was ist dein Lieblingsname für das Pi? Schreibe alle Namen auf und ringle deinen Lieblingsnamen bunt ein!

Wie soll Herr Kacks aussehen?

Herr Kacks ist bunt viel schöner. Wie gefällt er dir am besten?

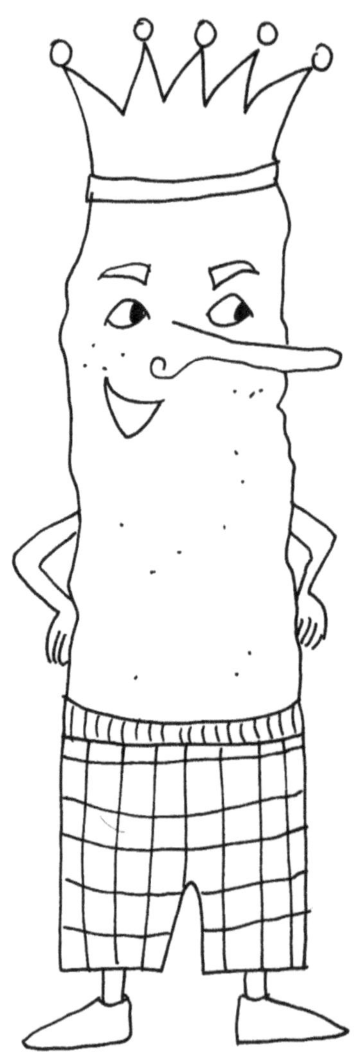

Wie magst du das Pi am liebsten?

Male das Pi so an, wie es dir am besten gefällt.

Was sind die richtigen Orte für Herrn Kacks und das Pi?

Schaue dir die Bilder genau an. Entscheide dann, wo Herr Kacks und das Pi hingehören. Kreuze die passenden Bilder an und male sie bunt aus.

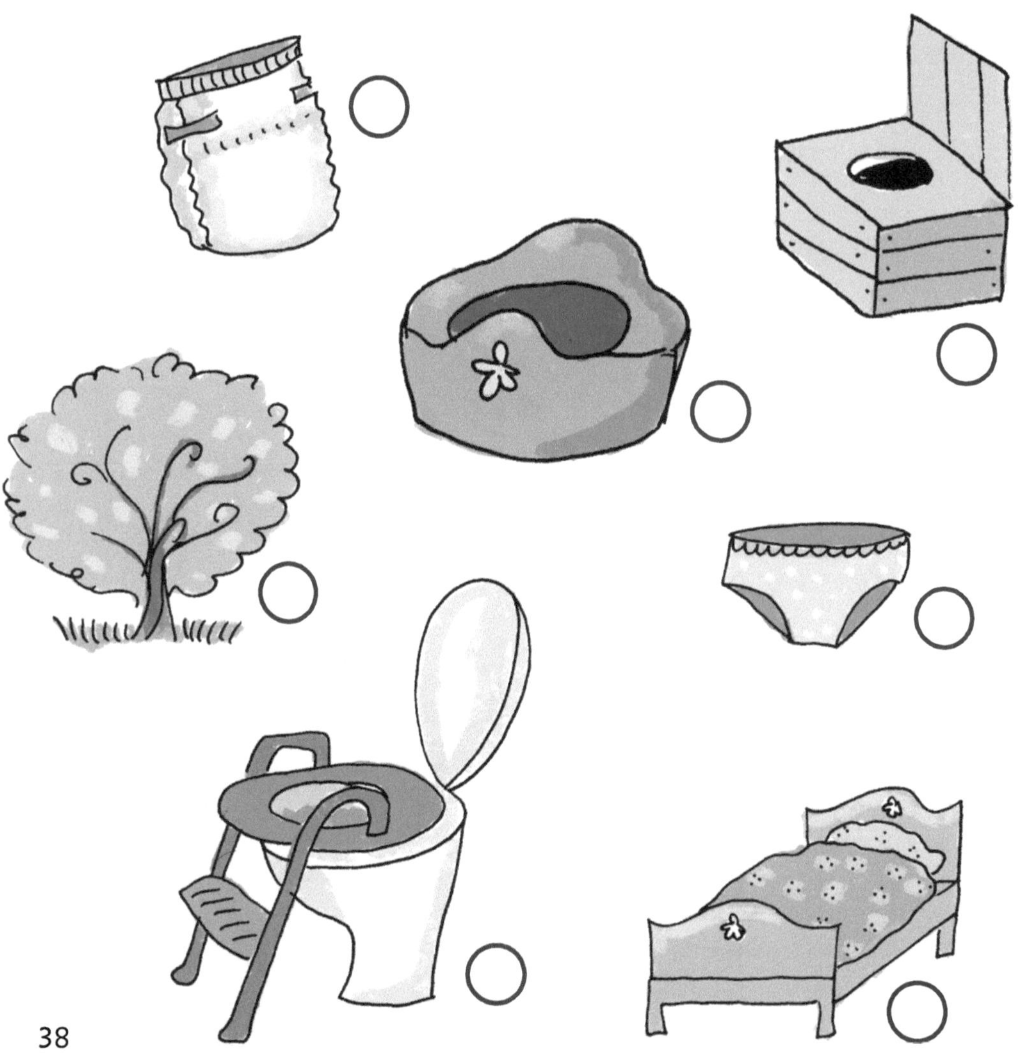

Wo fühlen sich Herr Kacks und das Pi wohl?

Finde heraus, in welchem Klo sich Herr Kacks und das Pi am wohlsten fühlen. Umkreise jene Klos, die dir selbst am besten gefallen.

Herr Kacks muss aufs Klo!

Herr Kacks muss dringend aufs Klo. Leider hat er sich im Labyrinth verirrt. Hilf ihm, den Weg zum Klo zu finden.

Auch das Pi hat es nun eilig!

Kannst du ihm helfen, den Weg zum Klo zu finden?

Welcher Herr Kacks kommt bei dir am häufigsten raus?

Wähle die für dich passenden Kacks-Formen aus und kreuze sie an.

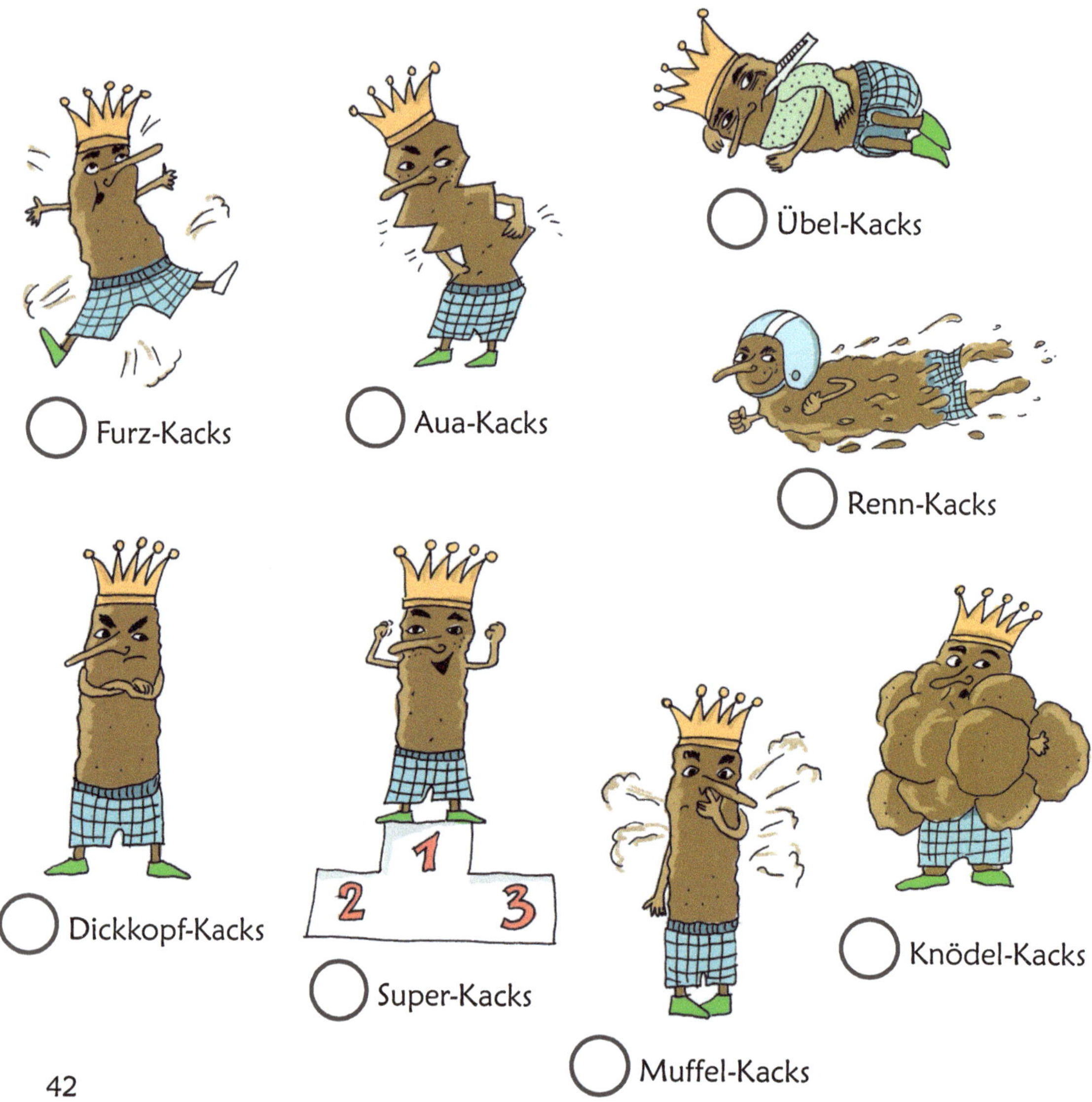

Herr Kacks und das Pi haben Gesellschaft.

In dem Raum, wo Herr Kacks und das Pi hingehören, findest du auch viele andere Dinge. Weißt du, wie sie heißen? Schreibe ihre Namen auf.

Hier ist ganz viel Platz für dein Lieblingsklo. Zeichne auf, wie dein Lieblingsklo aussehen soll. Ebenso, welche Dinge du brauchst, damit du dich dort wohlfühlst.

Was darf mit aufs Klo?

Überlege gemeinsam mit deinen Eltern, wer oder was mit aufs Klo darf, damit du dich entspannst.

Welche Hilfen gibt es?

Es ist nicht einfach, wie die Großen aufs Klo zu gehen. Wenn du der Chef/die Chefin werden willst, gibt es bestimmte Hilfen, damit Herr Kacks und das Pi am richtigen Ort landen. Weißt du, wie sie heißen? Kennst du noch andere? Male sie auf!

Wie sitzt du richtig am Klo?

Herr Kacks landet lieber im Klo, wenn du Folgendes machst: Entspanne dich, beuge dich leicht nach vorne und stelle deine Füße auf die Fußbank, die Toilettenstiege oder auf die Fußspitzen. Zeichne hier ein Bild von dir, wie du richtig auf dem Klo sitzt.

Wie geht es der Reihe nach?

Oje, so ein Durcheinander! Finde heraus, was man macht, wenn Herr Kacks und das Pi sagen: „Wir wollen raus!“ Bringe die Bilder in die richtige Reihenfolge. Beginne mit der Zahl 1.

Sachinformationen für Erwachsene

Was sind Toilettenfertigkeiten?

Toilettenfertigkeiten umfassen verschiedene Fähigkeiten, die ein Kind im Laufe seiner Entwicklung lernt. Sie werden benötigt, um selbstständig auf die Toilette gehen zu können. Da die Sauberkeitsentwicklung ein Prozess über einen längeren Zeitraum ist, werden sie in aufeinanderfolgenden Schritten erworben. Kinder brauchen dafür insbesondere anfangs das Vorbild und die Unterstützung von Erwachsenen. Ebenso viel Geduld und Vertrauen, dass sie es gemeinsam schaffen.

Der Erwerb der Toilettenfähigkeiten setzt die Kontrolle des Mastdarms und der Blase voraus. Bei einigen Kindern kann beobachtet werden, dass die Kontrolle über Blase und Mastdarm gleichzeitig einsetzt. Häufig durchläuft das Kind jedoch folgende Phasen:

1. Kontrolle des Mastdarms in der Nacht
2. Kontrolle des Mastdarms am Tag
3. Kontrolle der Blase am Tag
4. Kontrolle der Blase in der Nacht

Kinder über das 4. Lebensjahr hinaus sollen in der Lage sein, ihre Ausscheidungen zu kontrollieren. Hier die Toilettenfertigkeiten im Überblick:

- Wissen, was Kot und Urin ist.
- Wissen, welche Sprache für Kot und Urin verwendet werden kann und darf.
- Wahrnehmen, dass ein Bedürfnis zur Entleerung besteht.
- Zum Topf/zur Toilette gehen.
- Sich die Unterbekleidung ausziehen.
- Sich auf den Topf/die Toilette setzen.
- Sich entleeren, indem der jeweilige Schließmuskel entspannt wird.
- Sich richtig säubern, indem Penis oder Scheide gereinigt und der Po von vorne nach hinten abgewischt wird.
- Sich die Unterbekleidung wieder anziehen. Die Spülung betätigen.
- Sich die Hände sorgfältig waschen, insbesondere nach einem großen Geschäft oder generell nach der Benützung öffentlicher Toiletten.

Wie können Toilettenfertigkeiten erlernt werden?

Akzeptieren Sie, dass jedes Kind sein eigenes Tempo hat. Helfen Sie Ihrem Kind, seine eigenen Körpersignale kennenzulernen. Einfühlsamkeit, verständliches Lob und Liebe helfen Ihnen, diesen Entwicklungsprozess mit mehr Freude zu begleiten und Ihre stärker werdende Eltern-Kind-Beziehung zu genießen.

Kennen Sie folgendes Sprichwort? „Das Gras wächst nicht schneller, wenn man daran zieht." Daher gilt: Es wächst, indem man es pflegt, schützt und nährt und macht es dadurch zu einem starken Halm.

Denken Sie daran, wenn das Aneignen der Toilettenfertigkeiten zwischenzeitlich stockt oder Ihr Kind bereits Gelerntes vergisst. Nehmen Sie eine Haltung ein, die einfallsreiches, angenehmes Lernen erlaubt und auch Misserfolge zulässt. Bleiben Sie jedoch bei gemeinsamen Vereinbarungen. Unterstützen Sie Ihr Kind, indem Sie die nachfolgenden Empfehlungen berücksichtigen:

Schaffen Sie einen angenehmen Ort!

Machen Sie die Toilette, die Umgebung des Topfs zu einem angenehmen Ort: Dort, wo die großen und kleinen Klogeschäfte erledigt werden, soll es sauber, hell, warm sein und angenehm duften.

Verwenden Sie Passendes!

Achten Sie auf Größe, Vorlieben und Fähigkeiten des Kindes bei der Wahl von Topf und/ oder Toilettensitzverkleinerer. Die Fußbank und andere Aufstiegshilfen sollen praktikabel und rutschfest sein. Es lohnt sich, in Passendes zu investieren. Denn wenn ein Topf scharfe Kanten hat, der Toilettensitzverkleinerer kneift oder die Fußbank wackelig ist, gefährdet das die Freude am Erwerb der Toilettenfähigkeiten.

Machen Sie es vor!

Die meisten Kinder lernen am liebsten direkt von ihren Eltern und finden es höchst spannend, diese auf die Toilette zu begleiten. Das ist die Gelegenheit, sich alles abzuschauen. Erklären Sie Ihrem Kind schrittweise, was Sie tun. Z.B. „Die Mama macht gerade Pipi". „Die Mama nimmt Klopapier", „Die Mama zieht sich wieder an". Antworten Sie auf alle Fragen, so gut es geht. Falls es Ihnen peinlich ist, darüber zu sprechen, ist das auch in Ordnung. Dann vermitteln Sie Ihrem Kind so, was auf der Toilette passiert und was Nahrungsaufnahme, Verdauung und Ausscheidung miteinander zu tun haben.

Planen Sie voraus!

In der Übergangsphase von der Windel auf den Topf/die Toilette bedarf es einer vorausschauenden Planung. Noch mehr, wenn Ihr Kind auch in Fremdbetreuung ist oder regelmäßig Zeit mit den Großeltern verbringt.

Klären Sie, wie die großen und kleinen Geschäfte im Kindergarten gehandhabt werden:

- Inwiefern wird Rücksicht auf Ihr Kind und seine Toilettenfähigkeiten genommen?
- Benötigt Ihr Kind in der Krabbelstube/im Kindergarten einen Topf?
- In welchem Rahmen können vor Ort auch die Dinge, die sich zu Hause bewähren, übernommen werden?
- Wie handhaben Sie längere Aktivitäten außer Haus oder Besuche bei Spielfreunden/Spielfreundinnen?
- Werden Sie auf die Windel zurückgreifen, ein Töpfchen mitnehmen oder für den Fall des Falles ausreichend Kleidung zum Wechseln einpacken?

Machen Sie es zur Routine!

Manche Kinder sind schnell Meister darin, Harn- und Stuhldrang zu fühlen, manche nicht. Neigt Ihr Kind dazu, die Signale des Körpers eher zu überhören, weil es z.B. zu sehr ins Spiel vertieft ist oder überhaupt schwerer wahrnimmt? Wenn ja, führen Sie regelmäßige Toilettenzeiten nach den Hauptmahlzeiten und vor dem Zubettgehen ein. Beschreiben Sie auch, wie eine volle Blase drückt und was Sie dann tun.

Beobachten Sie Ihr Kind. Machen Sie es darauf aufmerksam, wenn es versucht, sich den Toilettengang zu verkneifen. Das ist durch Herumgezappel erkennbar. Halten Sie sich gleichzeitig ein bisschen zurück. Denn Ihr Kind soll lernen, selbstständig auf die Toilette zu gehen.

Doch zuallererst muss es lernen, auf sich selbst zu hören.

Hindernisse beim Erwerb der Toilettenfertigkeiten

Irgendwann sind die meisten Eltern des Wickelns überdrüssig und freuen sich auf die windelfreie Zeit. Doch die kommt leider nicht über Nacht. Auch gilt es beim Erwerb der Toilettenfertigkeiten das eine oder andere Hindernis zu überwinden.

Hier nennen wir die sieben häufigsten Hindernisse, damit Sie diese rascher erkennen und überlegt handeln können:

1. Windel ade

Das Loslösen von der Windel kann für ein Kind, das vorsichtig ist und vor Veränderungen viel Sicherheit benötigt, eine Herausforderung darstellen. Manche Kinder halten es schwer aus, wenn es mit dem großen und kleinen Geschäft am richtigen Ort nicht klappt, und bleiben lieber bei der vertrauten Windel.

Einem Kind, das sich selbst gut spüren kann und motorisch geschickt ist, fällt der Übergang zum Topf/zur Toilette leichter. Achten Sie daher darauf, ob Ihr Kind schon für die Veränderung bereit ist, sich dabei aber vielleicht selbst überfordert. Trifft das auf Ihr Kind zu, fördern Sie seine Selbstwahrnehmung. Zum einen, indem Sie ihm rückmelden, was es alles schon kann. Zum anderen bieten Sie ihm dort Hilfe an, wo es diese noch eindeutig benötigt.

2. Krankheiten

Körperliche Grunderkrankungen wie Fehlbildungen oder verminderte Nervenversorgung des Darmes oder Harntraktes behindern in seltenen Fällen die Sauberkeitsentwicklung. Ebenso können Entzündungen des Harntraktes zu neuerlichem Nasswerden führen.

Typische Symptome sind Schmerzen, häufiger Drang zum Urinieren mit geringen Harnmengen und manchmal andere Krankheitssymptome, wie z.B. Fieber, allgemeine Unruhe oder Bauchweh.

3. Toilettenverweigerungssyndrom

Das Kind uriniert zwar in die Toilette, setzt aber den Stuhl in der Windel ab. Um von einem Toilettenverweigerungssyndrom zu sprechen, muss dieses Verhalten mehr als einmal pro Monat auftreten.

4. Toilettenangst

Das Kind fürchtet sich davor, auf die Toilette zu gehen. Es stellt sich beispielsweise Fantasiewesen im Abflusssystem vor, die es von unten überraschen könnten, oder hat Angst vor der WC-Spülung.

5. Harninkontinenz

Funktionelle Harninkontinenz heißt der unwillkürliche* Harnabgang untertags, ohne dass Krankheiten im engeren Sinne vorliegen. Hier gibt es eine wahrscheinlich angeborene Funktionsstörung der Blase, deren Muskulatur sich zu rasch zusammenzieht und das Signal zur Entleerung gibt.

Dieses Phänomen wird auch bei Kindern beobachtet, die den Toilettengang lange hinauszögern. Als recht häufige Ursache ist ein Ungleichgewicht zwischen Blasenschließmuskel und Blasenentspannungsmuskel bekannt.

6. Enuresis

Die Begriffe Enuresis und nächtliches Einnässen sind gleichbedeutend. Man spricht von einer Enuresis, wenn eine unbewusste, weitgehend vollständige Blasenentleerung nachts ab dem Alter von fünf Jahren zumindest zweimal im Monat stattfindet.

Typisch hierfür sind große Urinmengen, schwere Erweckbarkeit und nahe Verwandte, die als Kind ebenfalls vom Bettnässen betroffen waren.

7. Enkopresis

Eine Enkopresis oder Einkoten liegt vor, wenn ein Kind über das 4. Lebensjahr hinaus seinen Kot absichtlich oder unabsichtlich außerhalb des Topfes/der Toilette absetzt, obwohl es bereits die körperlichen Voraussetzungen zur Stuhlkontrolle hätte. Die häufigste Ursache ist eine chronische Verstopfung, weil das Kind den Stuhl zu lange absichtlich zurückhält.

Ein Erkennungsmerkmal ist stinkender, fast dünnflüssiger Kot in der Unterhose. Dieser entsteht durch einen Überlauf des dünnflüssigen Kots, der an der Verstopfung vorbeifließt, die den After wie einen Stöpsel verschließt.

Wann soll ein Arzt/eine Ärztin aufgesucht werden?

Ein altersentsprechend entwickeltes Kind soll nach seinem vierten Geburtstag in der Lage sein, seine Ausscheidungen zu regulieren. Hat es Schwierigkeiten dabei, wird eine ärztliche Abklärung dringend empfohlen. Geprüft wird dabei, ob organische Ursachen (z.B. eine Fehlmündung der Harnröhre, eine Vorhautverengung oder eine Entzündung der Blase) vorliegen oder ob andere, auch psychische, Ursachen (z.B. Belastungen in Familie und Freundeskreis, Ängste) in Betracht kommen.

Eine Ausnahme stellt das einfache nächtliche Einnässen dar: Hier kann der Arztbesuch noch etwas länger aufgeschoben werden, da ein Großteil der einnässenden Kinder bis zu ihrem fünften Geburtstag ohne ärztliche Unterstützung trocken wird.

Eine ärztliche Abklärung ist notwendig bei Schmerzen, Verdacht auf Anomalitäten im Bereich der Ausscheidungsorgane oder körperlichen Hinweisen auf eine Erkrankung (z.B. Rötung, Schwellung, eigenartiger Geruch, andauernde Verstopfung).

Was geschieht beim Arzt/bei der Ärztin?

Hier wird eine Diagnose erstellt und, wenn nötig, eine Therapie eingeleitet. Dazu wird:

- die genaue Symptomatik und Entwicklungsgeschichte des Kindes erfragt.
- das Kind körperlich untersucht.
- eventuell eine Urin-, Stuhl- sowie Blutprobe entnommen.
- zumeist eine schmerzfreie Ultraschalluntersuchung der Nieren und ableitenden Harnwege bzw. des Darmes veranlasst.

Häufig werden Sie als Eltern gebeten, ein Blasentagebuch bzw. ein Tagebuch über die Stuhlgewohnheiten Ihres Kindes über mehrere Tage hinweg zu führen. Hat der Arzt/die Ärztin Klarheit über Ursachen der Probleme, werden Sie als Eltern genau darüber informiert und es wird mit der Therapie begonnen.

Wie können Eltern helfen?

Zum einen helfen Sie, indem Sie das Erlernen der Toilettenfähigkeiten wohlwollend begleiten. Zum anderen können Sie diese Empfehlungen beachten:

Essen und Trinken

Achten Sie auf eine gesunde, ausgewogene Ernährung und einen vernünftigen Umgang mit Getränken. Bieten Sie wenig Süßigkeiten und Weißmehlprodukte an, denn diese machen den Stuhl härter und fördern außerdem die Neigung zu Entzündungen der Harnblase. Versuchen Sie, Ihrem Kind auch Obst und Gemüse schmackhaft zu machen, weil darin Vitamine und Ballaststoffe enthalten sind. Kinder greifen wesentlich schneller zu Obst, wenn es aufgeschnitten und auf dem Teller angerichtet ist!

Ausreichend Trinken ist für eine gesunde Verdauung wichtig und beugt Harnwegsinfekten vor. Vermeiden Sie die ausschließliche Gabe von Limonaden und reichen Sie stattdessen verdünnte Obstsäfte oder Tee. Am besten wäre pures Wasser!

Bewegung

Achten Sie auf ausreichend Bewegung für Ihr Kind. Bewegung fördert die Verdauung. Außerdem ist die Bakterienflora im Darm von besonderer Bedeutung für Gesundheit und Wohlbefinden.

Bakterien

Durch eine Stuhlprobe lässt sich feststellen, ob Ihr Kind über eine geeignete Bakterienzusammensetzung im Darm verfügt.

Vor allem nach einer Antibiotika-Therapie ist die Re-Besiedelung mit Darmbakterien besonders wichtig. Bakterien für den Darm bekommt man nicht nur in der Apotheke. Sie finden sich in urtypisch zubereiteten Produkten (z.B. im rohen Sauerkraut, Sauerteigbrot) sowie in der Erde. Sollte Ihr Kind in der Entdeckerphase davon mal probieren, bleiben Sie gelassen: Die darin enthaltenen Stoffe machen den Körper widerstandsfähiger.

Ermutigung

Die Phase der Sauberkeitsentwicklung soll Ihr Kind dazu ermutigen, an sich und seine Fähigkeiten zu glauben. Trösten Sie Ihr Kind, wenn es mal nicht klappt. Verzichten Sie auf Zwang und Druck. Sie hemmen die Entwicklung und das Gefühl des Angenommenseins.

Ermutigen Sie Ihr Kind, wenn es ängstlich und unsicher ist. Bremsen und entlasten Sie es, wenn Ihr Kind sich überfordert fühlt. Signalisieren Sie Offenheit und Flexibilität, dann wird Ihr Kind Ihre Hilfe auch annehmen können.

Haben Sie selber Mut zum gelegentlichen Scheitern! Probieren Sie Verschiedenes aus, um herauszufinden, wie es am besten gelingt.

Rituale

Überlegen Sie sich beziehungsfördernde abendliche Rituale, z.B. eine entspannende (Bauch) Massage und das gemeinsame Lesen von Büchern, die kindgerechtes Wissen über Körperfunktionen und Körperhygiene vermitteln. Überlegen Sie miteinander, was untertags gut geklappt hat und wo Sie gemeinsam noch nachbessern wollen.

Unterstützung

Informieren Sie in Absprache mit Ihrem Kind wichtige Personen, die bei Bedarf helfen können, z.B. die Oma, die das Kind anspricht, wenn es das Klogehen zu verzappeln versucht. Helfen Sie Ihrem Kind, einen reichhaltigen Wortschatz zu entwickeln, damit es gemeinsam mit Ihnen angemessen und humorvoll über Ausscheidungen und Körperfunktionen sprechen kann.

Lassen Sie Ihr Kind auch Worte für seine Empfindungen finden, sowohl für die angenehmen, wie Freude und Stolz, als auch für die unangenehmen, wie Wut und Angst!

Anreize

Lernt Ihr Kind begeistert, wenn es zusätzliche Anreize bekommt? Probieren Sie es mit einem Belohnungssystem, z.B. mit einer Stickerliste. Wählen Sie zuerst eine zu lernende Fähigkeit aus. Vereinbaren Sie gemeinsam mit dem Kind, für welches erwünschte Verhalten es welche Belohnung bekommt. Dann basteln Sie die Stickerliste.

Die Vereinbarung könnte z.B. lauten: „Jedes Mal, wenn Herr Kacks oder das Pi im Topf landen, bekommst du einen Sticker auf deine Chefliste. Hast du fünf Sticker geschafft, machen wir einen besonderen Ausflug/lese ich dir zwei zusätzliche Gute-Nacht-Geschichten vor/suchen wir gemeinsam ein kleines Spielzeug aus."

Sie können die Stickerliste auch zur Motivation, sich länger als ein paar Sekunden (maximale Dauer einer Klositzung: 5 Minuten) auf die Toilette/den Topf zu setzen, verwenden. Das bietet sich bei Kindern an, die sich anfangs nicht so gerne oder zu kurz auf die Toilette/den Topf setzen. Mag Ihr Kind das Belohnungssystem, dann basteln Sie für jede zu erwerbende Fähigkeit eine neue Stickerliste.

Lob

Loben Sie das Bemühen Ihres Kindes und nicht nur das Ergebnis seiner Ausscheidungen. Loben Sie konkret, was Ihr Kind gut gemacht hat. „Super, dass du dich so schnell gemeldet hast, als deine Blase gedrückt hat" statt „Brav bist du". So kann Ihr Kind verstehen, was von ihm erwartet wird. Vermeiden Sie es, ein Lob durch ein angehängtes „Aber" abzuwerten.

Gelassenheit

Kommt Druck von außen (z.B. Kinderbetreuungseinrichtungen, Verwandte) und lassen Sie ihn in Ihrer Verunsicherung zu, treten häufig Schwierigkeiten auf. Denn Druck durch gestresste Eltern wirkt kontraproduktiv. Das Entwicklungstempo Ihres Kindes hat Vorrang. Wenn Ihr Kind noch etwas Zeit benötigt, akzeptieren Sie das und treten Sie dafür ein, dass Ihr Kind diese Zeit auch bekommt.

Verbündete

Nehmen Hilflosigkeit und Stress zu viel Raum in Ihrem Leben ein, steuern Sie dagegen. Holen Sie sich professionelle Unterstützung. Ein Psychologe/eine Psychotherapeutin kann Ihr Verbündeter/Ihre Verbündete sein. Damit entlasten Sie sich und Ihr Kind.

Wie können PsychologInnen/PsychotherapeutInnen helfen?

Ist Ihr Kind in seinem Erleben und Verhalten anders als Gleichaltrige und fühlt es sich dadurch beeinträchtigt? Dann holen Sie sich professionelle Unterstützung. Ebenso, wenn unerwartete Hindernisse in der Sauberkeitsentwicklung auftreten, wenn die Entwicklung stagniert oder Ihr Kind Rückschritte macht. Wollen Sie wissen, wie Sie Ihr Kind unter Berücksichtigung seiner Entwicklung und seiner Kompetenzen bestmöglich beim Erwerb der Toilettenfertigkeiten anleiten und begleiten, kann dies ein weiterer Vorstellungsgrund bei einer Psychologin/einem Psychotherapeuten sein.

Der Unterschied ist, dass eine Psychologin/ein Psychotherapeut Probleme gemäß ihrer/seiner Ausbildung unterschiedlich angehen. Bei einer psychologischen Beratung und Behandlung werden Angehörige z.B. bei Enuresis im Anschluss an die Erhebung der Krankheitsgeschichte bei der Orientierungs- und Entscheidungshilfe im Erkennen sowie im Umgang damit unterstützt. Zusätzlich erhalten Sie Tipps und können psychosoziale Folgeprobleme ansprechen und lösen lernen.

Ein Psychotherapeut bringt gemäß seiner fachlichen Ausrichtung unterschiedliche Haltungen und Methoden ein. In der Systemischen Familientherapie werden Eltern und Kind z.B. darin unterstützt, den Einfluss der Enuresis auf Beziehungen und umgekehrt wahrzunehmen und positiv zu beeinflussen.

Grundsätzlich sollen sowohl die Eltern als auch das Kind ihre psychologische/psychotherapeutische Vertrauensperson sympathisch und wirksam empfinden. Bleiben positive Veränderungen aus oder geht Ihr Kind nur ungern zu den Terminen, sprechen Sie darüber und finden Sie andere Zugänge. Klappt es trotzdem nicht wie erhofft, halten Sie Ausschau nach jemandem, der besser zu Ihnen und zu Ihrem Kind passt.

Glossar

Facharzt für Kinder- und Jugendheilkunde: Ist ein Experte für Kinderheilhunde. Der Facharzt/die Fachärztin erkennt und behandelt Erkrankungen, Fehlbildungen sowie Entwicklungsstörungen von Kindern und Jugendlichen.

Pilz: Gemeint sind hier Pilze im Urin. Sie sind etwas größer als Bakterien und wie diese nur im Mikroskop zu sehen. Typische Symptome sind auch Juckreiz und Rötung im Genitalbereich.

Psychologin: Befasst sich mit dem Erleben und Verhalten von Menschen. Die Ausbildung erfolgt durch ein Universitätsstudium. Eine Psychologin/ein Psychologe kann in den verschiedensten Bereichen tätig sein, z.B. im Gesundheitswesen, in der Forschung oder in der Wirtschaft.

Psychotherapeut: Muss einen psychosozialen Grundberuf erlernt haben (z.B. Psychologe, Sozialarbeiter, Arzt) und eine Zusatzausbildung absolvieren. In dieser werden Haltungen und Methoden einer bestimmten therapeutischen Richtung (z.B. Systemische Familientherapie, Verhaltenstherapie, Gesprächspsychotherapie) erworben.

Mastdarm: Auch Rektum genannt, ist der letzte Abschnitt des Enddarms und etwa 15 Zentimeter lang.

unwillkürlich: Meint unbewusst, nicht willentlich.

Harninkontinenz, funktionelle: Ist der Fachbegriff für Einnässen untertags. Es gibt verschiedene Formen des unwillkürlichen Harnabgangs untertags, die einer ärztlichen Abklärung bedürfen.

Ansprechpartner

Nehmen Sie psychologische/psychotherapeutische Unterstützung vorbeugend oder bei Hindernissen vom Übergang zur Windel auf den Topf/die Toilette an. Sie können dabei die Beratungs- und Therapieangebote in Erziehungs- und Familienberatungsstellen in Anspruch nehmen. Eine andere Möglichkeit ist, sich an niedergelassene auf Kinder spezialisierte Psychologen/Psychologinnen sowie Psychotherapeuten/Psychotherapeutinnen zu wenden.

Bei körperlichen Erkrankungen oder Hinweisen darauf hilft Ihr Kinder- und Jugendfacharzt/Ihre Kinder- und Jugendfachärztin. Unbedingt zu Rate ziehen sollen Sie ihn/sie, wenn Ihr Kind älter als vier Jahre ist und die Sauberkeitsentwicklung noch immer nicht abgeschlossen ist.

Weiterführende Literatur

Wollen Sie und Ihr Kind mehr über Herrn Kacks und das Pi wissen? Sind Sie an ergänzendem Gesprächsstoff interessiert? Suchen Sie Sachinformation und Anregungen, wie es windelfrei geht oder wie Sie Ihrem Kind bei Enkopresis oder Enuresis helfen können?

Dann sind Sie mit den folgenden Titeln der edition riedenburg gut beraten:

Oblasser, C.; Eder, S.; Gasser, E. (2014). *Der Wuschelfloh, der fliegt aufs Klo.* Die Geschichte vom kleinen Spatz, der lieber ohne Windel sein wollte. Salzburg: edition riedenburg.

Oblasser, C. & Eder, S. (2013). *Ausgewickelt! So gelingt der Abschied von der Windel.* Salzburg: edition riedenburg.

Eder, S.; Marte, E., Christians, H. (2013). *Nasses Bett? Hilfe für Kinder, die nachts einnässen.* Salzburg: edition riedenburg.

Eder, S.; Marte, E.; Christians, H. (2013). *Nasses Bett EXTRA. Das Mit-Mach-Heft für Kinder, die nachts einnässen.* Salzburg: edition riedenburg.

Eder, S.; Marte, E.; Christians, H. (2013). *Nino und die Blumenwiese. Das Bilder-Erzählbuch für Kinder, die nachts einnässen.* Salzburg: edition riedenburg.

Eder, S.; Klein, D.; Lankes, M. (2013). *Machen wie die Großen. Was Kinder und ihre Eltern über Pipi und Kacke wissen sollen.* Salzburg: edition riedenburg.

Eder, S.; Klein, D.; Lankes, M. (2013). *Machen wie die Großen EXTRA. Das Mit-Mach-Heft für Klo-Könige und Klo-Königinnen.* Salzburg: edition riedenburg.

Eder, S.; Klein, D.; Lankes, M. (2013). *Volle Hose. Einkoten bei Kindern. Prävention und Behandlung.* Salzburg: edition riedenburg.

Eder, S.; Klein, D.; Lankes, M. (2013). *Volle Hose EXTRA. Das Mit-Mach-Heft mit Kack-Tagebuch.* Salzburg: edition riedenburg.

Bezug über den (Internet-) Buchhandel in Deutschland, Österreich und der Schweiz.

Bezug über den (Internet-) Buchhandel in Deutschland, Österreich und der Schweiz.

Die Sachbuchreihe zu kindlichen und jugendlichen Spezialthemen

Hauptautorin: Sigrun Eder

SOWAS! MINI – Für Kinder ab 2 Jahre

Band 1 SOWAS! MINI
Der Wuschelfloh, der fliegt aufs Klo!
Die Geschichte vom kleinen Spatz, der lieber ohne Windel sein wollte.

SOWAS! • SOWAS! EXTRA • SOWAS! BILDER – Für Kinder ab dem Grundschulalter

Band 1 SOWAS! • Band 1 SOWAS! EXTRA
Volle Hose Einkoten bei Kindern: Prävention und Behandlung

Band 2 SOWAS! • Band 2 SOWAS! EXTRA
Machen wie die Großen Was Kinder und ihre Eltern über Pipi und Kacke wissen sollen

Band 3 SOWAS! • Band 3 SOWAS! EXTRA • Band 3 SOWAS! BILDER
Nasses Bett? Hilfe für Kinder, die nachts einnässen

Band 4 SOWAS!
Pauline purzelt wieder Hilfe für übergewichtige Kinder und ihre Eltern

Band 5 SOWAS!
Lorenz wehrt sich Hilfe für Kinder, die sexuelle Gewalt erlebt haben

Band 6 SOWAS!
Jutta juckt's nicht mehr Hilfe bei Neurodermitis

Band 7 SOWAS! • Band 7 SOWAS! EXTRA • Band 7 SOWAS! BILDER
Konrad, der Konfliktlöser Clever streiten und versöhnen

Band 8 SOWAS! • Band 8 SOWAS! EXTRA • Band 8 SOWAS! BILDER
Annikas andere Welt Hilfe für Kinder psychisch kranker Eltern

Band 9 SOWAS! BILDER
Papa in den Wolken-Bergen Für Kinder, die einen geliebten Menschen verloren haben

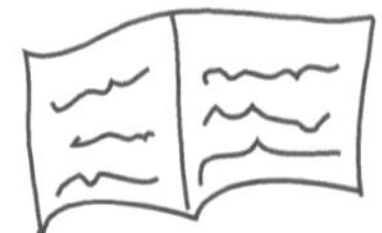

Ausgewählte Titel der edition riedenburg

Buchreihen

Ich weiß jetzt wie! Reihe für Kinder bis ins Schulalter
SOWAS! – Kinder- und Jugend-Spezialsachbuchreihe
Verschiedene Alben für verwaiste Eltern und Geschwister

Einzeltitel

Alleingeburt – Schwangerschaft und Geburt in Eigenregie
Alle meine Tage – Menstruationskalender
Alle meine Zähne – Zahnkalender für Kinder
Am Ende aller guten Hoffnung – Schwangerschaftsabbruch
Annikas andere Welt – Psychisch kranke Eltern
Ausgewickelt! So gelingt der Abschied von der Windel
Baby Lulu kann es schon! – Windelfreies Baby
Babymützen selbstgemacht! Ganz einfach ohne Nähen
Babyzauber – Schwangerschafts-Tagebuch
Besonders wenn sie lacht – Lippen-Kiefer-Gaumenspalte
Brüt es aus! Die freie Schwangerschaft
Das doppelte Mäxchen – Zwillinge
Das große Storchenmalbuch mit Hebamme Maja
Der Kaiserschnitt hat kein Gesicht – Fotobuch
Der Wuschelfloh, der fliegt aufs Klo! – Spatz ohne Windel
Die Hebammenschülerin – Ausbildungsjahre im Kreißsaal
Die Sonne sucht dich – Foto-Meditation Schwangerschaft
Drei Nummern zu groß – Kleinwuchs
Egal wie klein und zerbrechlich – Erinnerungsalbum
Eileiterschwanger – Erfahrungen einer Hebamme
Ein Baby in unserer Mitte – Hausgeburt und Stillen
Finja kriegt das Fläschchen – Für Mamas, die nicht stillen
Frauenkastration – Fachwissen und Frauen-Erfahrungen
Herr Kacks und das Pi – Kleines und großes Geschäft
Jutta juckt's nicht mehr – Hilfe bei Neurodermitis
Konrad, der Konfliktlöser – Konfliktfreies Streiten
Lass es raus! Die freie Geburt
Leg dich nieder! Das freie Wochenbett
Lilly ist ein Sternenkind – Verwaiste Geschwister
Lorenz wehrt sich – Sexueller Missbrauch
Luxus Privatgeburt – Hausgeburten in Wort und Bild
Machen wie die Großen – Rund ums Klogehen
Mama und der Kaiserschnitt – Kaiserschnitt
Mamas Bauch wird kugelrund – Aufklärung für Kinder
Manchmal verlässt uns ein Kind – Erinnerungsalbum
Mein Reiter-Tagebuch – Für alles aus dem Reitstall
Mein Sternenkind – Verwaiste Eltern
Meine Folgeschwangerschaft – Schwanger nach Verlust
Meine Wunschgeburt – Gebären nach Kaiserschnitt
Mit Liebe berühren – Erinnerungsalbum
Nasses Bett?– Nächtliches Einnässen
Nino und die Blumenwiese – Nächtliches Einnässen, Bilderbuch
Oma braucht uns – Pflegebedürftige Angehörige
Oma war die Beste! – Trauerfall in der Familie
Papa in den Wolken-Bergen – Verlust eines nahen Angehörigen
Pauline purzelt wieder – Übergewichtige Kinder
Regelschmerz ade! Die freie Menstruation
So klein, und doch so stark! – Extreme Frühgeburt
So leben wir mit Endometriose – Hilfe für betroffene Frauen
Soloschläfer – Erholsamer Mutter-Kind-Schlaf ohne Mann
Still die Badewanne voll! Das freie Säugen
Stille Brüste – Das Fotobuch für die Stillzeit und danach
Tragekinder – Das Kindertragen Kindern erklärt
Und der Klapperstorch kommt doch! – Kinderwunsch
Und wenn du dich getröstet hast – Erinnerungsalbum
Unser Baby kommt zu Hause! – Hausgeburt
Unser Klapperstorch kugelt rum! – Schwangerschaft
Unsere kleine Schwester Nina – Babys erstes Jahr
Volle Hose – Einkoten bei Kindern

Bezug über den (Internet-)Buchhandel in Deutschland, Österreich und der Schweiz.